DES

DROITS DE BADE

à la possession

du Palatinat et du Brisgau

———

Réflexions appuyées de pièces extraites des archives

PAR

M. LE BARON DE DRAIS,

*Président de la Cour suprême de Justice de S. A. R.
le Grand-Duc de Bade, Grand'-croix de l'ordre
de la fidélité.*

Traduit de l'allemand
PAR L. NEWHOUSE.

———

A MANNHEIM, en Octobre
1818.

[illegible]

[illegible]

[illegible]

[illegible]

[illegible]

1816

AVANT-PROPOS

DU TRADUCTEUR.

Pendant que l'écrit que j'ose offrir au public, comme une traduction faite avec le consentement de l'auteur, était sous presse, celui de Monsieur Bignon: „Coup „d'oeil sur les démêlés des Cours „de Bavière et de Bade" s'imprimait à Paris. Après avoir démontré l'injustice du démembrement projeté de notre patrie, cet éloquent auteur retrace en traits de feu des malheurs qui ont désolé l'Europe dans des tems antérieurs, au sujet de pareilles prétentions. Sa diction a toute la chaleur et la vivacité particulière à sa nation; mais s'il a fait preuve d'un talent éminent, l'on conviendra, qu'il doit aussi cette force de persuasion à la justice parfaite de la cause qu'il défend.

Cet ouvrage cependant ne rend point superflu celui que je traduis. Quoique les

deux auteurs traitent le même sujet, on re-
connaît d'abord, qu'ils l'ont envisagé sous des
points de vue différens, et qu'ils ont suivi
des routes diverses pour arriver au même
but. Souvent ils se rencontrent dans leurs
idées, toujours dans les conséquences, sans
que Monsieur le Baron de D r a i s eût connaissance de l'ouvrage de Monsieur Bignon,
ou que celui-ci ait puisé à la même source.

Le respectable Président de notre cour
suprême de Justice, a composé son ouvrage
en Jurisconsulte aussi circonspect qu'éclairé.
Il expose avec une concision désespérante
pour son traducteur, mais qui est un mérite essentiel de son style, succinctement et
d'une manière irréfutable, les droits qui
découlent pour la maison de Bade, tant des
loix domestiques, qui règlent, depuis nombre
de siècles, l'ordre de succession dans la famille de Z a e h r i n g u e, que du droit des
gens, des traités solennels, et du nouvel
ordre de chose établi et sanctionné en Allemagne. C'est sur des bases inébranlables,
qu'il élève un édifice solide, dont on sent
les justes proportions ; sa mâle éloquence
dédaigne tout ornement superflu. Nul au-

(V)

tre n'aurait pu traiter avec plus de connaissance de cause le sujet dont il s'agit, que
l'historien exact et véridique du long règne
de Charles Frédéric.

Voici encore en quoi l'ouvrage de Monsieur Bignon diffère essentiellement de celui de Monsieur de Drais, et les points que
ce dernier s'est le plus appliqué à déve-
lopper.

D'abord Monsieur Bignon ne parle que
d'un mariage ancien, d'inégale condition,
dans la maison de Bade; mon auteur en rap-
porte deux exemples dans des siècles différens. Ensuite, celui-ci donne l'extrait des
dispositions du dernier Grand-Duc, toutes
de nature à faire disparaître les objections
que l'on pourait tirer de cette disparité,
contre les Princes issus de son second mariage. Il établit la différence légale du mariage au côté gauche et du mariage morganatique. La sainte alliance, cette égide des
princes et des peuples, fournit à mon auteur un argument de toute solidité; car
sous son heureuse influence, il ne peut être
question désormais de priver de ses droits
une famille régnante. Si Monsieur Bignon

ne s'est point étendu sur les suites funestes pour les habitans du Grand-Duché de Bade, du démembrement de cet Etat, et du préjudice que chacun éprouve déjà des simples bruits qui circulent à cet égard; par contre les deux auteurs se rencontrent dans l'exposition des maux qui menacent l'Europe, en donnant suite à ces projets de partage, et prouvent l'urgence de les révoquer; énonçant le vœu qu'il plaise aux hautes Puissances réunies à Aix-la-Chapelle, de prononcer sur ce point. Enfin le rapport que fait Mr. Bignon, p. 32 à 51, des négociations, de traités patens et secrets, des réserves et clauses auxquels ils ont donné lieu, présente en résumé et par les conséquences qu'il en tire, les mêmes résultats que ceux qu'en déduit mon auteur. Il n'y a que la vérité et le bon droit, qui puissent produire une aussi grande uniformité de jugement dans deux auteurs différens.

Depuis la publication de l'ouvrage que j'ai traduit, notre Gouvernement a créé par l'institution des Etats, l'organe, qui dans le sens de Mr. Bignon (lequel s'appuye des autorités les plus respectables) serait le seul

capable de subvenir au défaut de succession, directe ou collatérale. Mais la constitution que vient de nous accorder notre
Grand - Duc, et qui a été reçue avec une si
vive reconnaissance dans tout le pays, pour-
voit amplement aux malheurs d'un démembrement et au défaut d'hérédité. Car elle
proclame entr'autres deux principes fonda-
mentaux, parfaitement en harmonie avec
toutes les dispositions et loix antérieures à
ce sujet, d'abord: l'unité indivisible du
Grand-Duché, tel qu'il est maintenant, et
secondement l'habileté à succéder des Princes issus du second mariage de Charles Frédéric.

Au moment enfin où je remets cette traduction à l'imprimeur, encore un auteur
distingué, Monsieur le conseiller d'Etat
Kluber, vient d'épouser la même cause et
de publier (Kluber 3o.e livraison) sur ce
même sujet des idées parfaitement uniformes avec cet ouvrage. Tout annonce le
triomphe prochain de la vérité et de la
Justice.

Quant à ma vocation j'ai cru qu'une traduction française mettrait à même ceux

qui ne lisent pas l'allemand, de mieux juger cette cause et j'ai voulu signaler mon attachement à mon Souverain, par mes faibles efforts à défendre ses droits et ceux d'une dynastie que la bonté et la justice ont de tout tems caractérisé. Indépendant de la cour par mon état, je n'ai point à briguer ses faveurs. L'honneur que j'ambitionne est de servir mon pays, en même tems que S. A. R. notre Grand-Duc pourra reconnaître, que les habitans des provinces nouvellement acquises, rivalisent d'attachement avec ses anciens Etats. Trop heureux si cet ouvrage, fait à la hâte, pour lui conserver le mérite de l'apropos, mais avec tous les soins dont je suis capable, peut mériter l'indulgence du public, en faveur de mon zèle et des motifs qui m'ont guidé!

Je dois encore énoncer ici, que les bontés de Monsieur le Président de Drais, sous les yeux de qui j'ai fait cette traduction, m'ont mis en état d'ajouter au texte quelques legères modifications.

Mannheim le 6 Octobre 1818.

L. NEWHOUSE.

La correspondance échangée entre S. M. le Roi de Bavière et S. A. R. le Grand-Duc de Bade, dont le public a eu connaissance, fournit aussi à l'historien de *Charles Frédéric* l'occasion d'exposer ce que ce Prince, actuellement au séjour immortel, a droit d'attendre des contemporains qui lui ont survécu, et du jugement qu'en portera toute postérité plus reculée. Je n'entends point me présenter devant les thrônes pour faire prévaloir mon opinion privée; mais sans doute ils en auront connaissance, ainsi que le public, et elle obtiendra peut-être en raison des documens qui l'étayent, l'attention de ces Augustes Souverains dont la justice décide maintenant des destins de l'Europe et qui mettent tant de soin à tranquilliser les esprits.

Le Grand-Duc défunt a fait des statuts qui en prononçant l'intégrité inaliénable de ses Etats, fixent l'ordre de succession pour ses enfans et leur descendance. S'ils eussent d'abord été connus formellement et dans toute leur étendue, un projet de démembrement n'eût pas même pu être formé. Il tombera donc de soi-même sans doute, dès que les Souverains seront instruits des circonstances, qui ne leur furent pas communiquées, alors qu'on exprima, quoiqu'en termes vagues et trèscirconspects, l'espérance de leur garantie pour un pareil partage.

Lorsque le 24 Novembre 1787 le Margrave *Charles Frédéric,* convola en secondes noces avec Louise Caroline, issue „d'une famille ancienne, de noblesse „immédiate de l'Empire, des *Gayer de Gayersberg*" (comme l'Empereur lui-même s'est exprimé, dans le diplome du 12 May 1796, par lequel de son propre mouvement S. M. élevait *Madame la Baronne de Hochberg et sa descendance* au rang de Comtés du St Empire Romain); ce Prince eut égard à la nombreuse famille de son premier lit et aux espérances ultérieures qu'elle donnait. Le Prince héréditaire son fils, âgé seulement de 32 ans, était déjà père de plusieurs Princesses et d'un Prince plus jeune; deux frères puînés du Prince héréditaire n'étaient point encore mariés, et par suite de son affection pour la Princesse héréditaire généralement révérée, actuellement S. A. R. Madame la Margrave douairière, le Prince régnant déclara que sa seconde épouse n'aurait jamais, ni le titre, ni le rang d'une Princesse. C'est pourquoi il fit bénir son mariage au côté gauche, mais avec la réserve expresse, dont acte fut pris alors:

que cet hyménée ne doit point être envisagé comme un mariage morganatique, mais comme fait entre personnes de conditions égales, et que la célébration au côté gauche, ne doit porter préjudice en aucune manière aux droits des fils, qui en proviendraient.

Il fut en conséquence réservé dans l'acte dressé le jour même des noces, que le rang, titre et armoiries des fils, ainsi que leur habileté à succéder dans les États du Prince, seraient fixés plus précisément par un contract de mariage, qu'on devait encore ériger.

Les fils du premier lit, (excepté S. A. le Margrave Louis, alors absent, qui donna son accession plus tard) signèrent cet acte en témoignage de leur consentement agnatique. Cette circonstance importante seule fait évanouir le doute élevé dans une famille publique, sur l'habileté à succéder des Princes issus de ce second mariage. Ce doute n'était à la vérité pas fondé sur ce qu'ils descendaient d'une mère qui n'était que noble, des exemples absolument semblables auraient aisément réfuté une pareille prétention.) La maison de Bade même en fournit deux ; l'un est le mariage du Margrave *Ernest de Bade - Durlach* au 16e siècle avec *Ursula de Rosenfeld*, et le second, celui du *Margrave Eduard Fortuné de Bade - Bade* au 17e avec *Marie d'Eiken*. De ces mariages sont nés les Princes, par lesquels la maison régnante a été perpétuée dans ses deux lignes. Il en résulta, dans l'un et l'autre cas, des discussions publiques, que les tribunaux de l'Empire terminèrent en maintenant ces successions.

Un autre doute, qui du reste ne regarde en rien les agnats du premier mariage, mérite un examen plus sérieux : c'est de savoir, si la célébration au côté gauche n'emporte pas, par sa nature même, l'exclusion de succession au Gouvernement, de sorte que la réserve faite par *Charles Frédéric*, n'aurait été qu'une contradiction avec la chose même? Mais une connaissance plus particulière de cette institution matrimoniale en Allemagne, donne à cet égard des solutions tranquillisantes. Ce qui caractérise essentiellement le *mariage morganatique*, incontestablement valide d'ailleurs tant d'après les loix civiles, que d'après le droit canonique, c'est *le pacte qui l'accompagne*, excluant les enfans qui en proviennent, de la succession au gouvernement, ou aux fiefs de famille. *) Lors même que le mariage a été célébré *au côté droit*, comme cela s'est vu dans une quantité de mariages inégaux parmi la noblesse, le pacte morganatique reste cependant en pleine vigueur. La célébration *au côté gauche* est un usage plus récent, dont la seconde partie du code des loix féodales chap. 29 (qui est proprement le siège du mariage morganatique) ne fait aucune mention. Quoique plusieurs Princes s'en soyent servi pour désigner le lien morganatique, ce n'est pas à dire que le symbole soit devenu la chose même. **) C'est donc par

---

*) *Ludolph tractat: de jure faeminarum illustrium*, *Jenae* 1734, Pars I. §. I. not. 4. „*Jura familiae non participant ex matrimonio ad morganaticam geniti; non quod inaequale conjugium hunc habeat effectum, sed quod pacto matrimoniali aliter sit cautum.*

**) *J. H. Boehmer de secundis nuptiis, praecipue illustr. personar.*, diss. Cap. II. §. 26 etc. *quamvis*

inadvertance et sans fondement, que quelques jurisconsultes (non pas tous) traduisent ,,*matrimonium ad
morganaticam*" par ,,*mariage au côté gauche.*" Ces
deux expressions signifient bien quelques fois la même
chose, mais pas toujours, conséquemment elles ne
sont pas synonymes. Le *pacte* arrêté et conclu est la
seule base qui explique et détermine la qualité du
mariage; si donc ce pacte ne prive pas les enfans des
droits de succession, ils succèdent *comme enfans légitimes*, s'ils y sont d'ailleurs appelés. Pourquoi donc
Charles Frédéric n'aurait-il pas eu la faculté de statuer: qu'il fesait à la vérité célébrer son mariage au
côté gauche, pour donner une preuve non équivoque,
que son épouse restait exclue du rang de Princesse,
et aussi pour que ses fils n'augmentassent pas les char-
ges de l'Etat, par des apanages superflus hors le
cas, où l'ordre de primogéniture vint réellement
jusqu'à eux; cas invraisemblable alors, mais toute
fois possible, et pour cela non moins nécessaire à pré-
voir, où l'Etat pouvait trouver le bienfait de sa conservation, par celle de la maison de Zaehringue; *Charles Frédéric* déclarait donc, dans sa prudence, ne priver aucun de ses fils de leurs droits naturels de succéder comme Princes.

---

*hodie parum referat, utrum sponsa sinistrae an
dextrae manui sponsi jungatur. Voluere tamen,
sinistrae manus porrectionem signum esse, uxorem
dignitatis et honoris mariti non omni ex parte
participem futuram.* — (Comparez *Leyser spec.* 299.)

On n'en resta pas non plus à ce premier mouvement. Le 20 Février 1796 il fut fait, au lieu du contract de mariage, une disposition testamentaire, dans
laquelle, en confirmant le premier acte de 1787, (dont
il a été fait mention plus haut) il fut encore arrêté
plus précisément à l'art. 4, ce qui suit.

„Nous voulous et ordonnons, après mûre réflexion,
„par suite de notre sollicitude pour le pays et pour
„nos sujets: qu'après l'extinction totale de la descen-
„dance mâle, provenant de notre premier mariage,
„nos fils du second lit et leur descendance masculine,
„soyent appelés à la succession de tous nos Etats et
„de leurs dépendances, d'après l'ordre de primogéni-
„ture.“

A cet acte est jointe l'apostille vraiment touchante
qui suit, écrite de la propre main du Margrave le 25
Février 1796:

„Parmi les devoirs d'un Prince, la sollicitude pour
„sa famille, sa propagation et le maintien de ses droits,
„ne sont pas les moins essentiels. Comme particu-
„lier il se les doit à lui - même et aux siens, comme
„Prince ils les doit à l'Etat. Un pays habitué depuis
„plusieurs siècles à être gouverné par des Princes d'une
„même maison, et sous une certaine constitution, re-
„çoit une violente secousse, quand par l'extinction de
„la ligne masculine, il vient à être divisé etc. etc. Pé-
„nétré de la vérité de ce principe, et par amour pour
„les sujets que le Ciel m'a confiés, j'ai pris en consi-
„dération particulière, la conservation de la souche
„mâle dans ma maison.“

Lorsque quelques années plus tard *Charles Frédéric* eut à pleurer la perte de son fils le Prince héréditaire, il fit trois mois après, sous la date du 27 Février 1802, un second testament, dans lequel il régla la régence au cas qu'il vînt à mourir, pendant la minorité de son petit-fils. L'article 12 confirme les statuts déjà établis par ses prédécesseurs, entr'autres l'indivisibilité de ses Etats, la succession par ordre de primogéniture, la renonciation des Princesses à la succession, la défense d'aliéner parties de territoire ou de sujets... „Le tout devant aussi bien s'entendre „des dédomagemens territoriaux, à attendre du traité „définitif de paix de l'Empire, que de tel autre accrois- „sement que ce soit."

Les négociations de Ratisbonne fixèrent déjà vers la fin de cette même année la part de Bade, sous l'intervention favorable de grandes puissances. L'incorporation la plus importante pour le nouveau (quoique le plus petit) électorat, faite sans aucune réserve, consista dans les villes principales du Palatinat, avec les baillages de Ladenbourg, Heidelberg et Bretten. *Caspari* *) observe, rélativement aux conférences qui eurent lieu à ce sujet:

„L'on a voulu renforcer le Cercle de Souabe et „donner au vieux et digne Prince une preuve de con-

---

*) Dans son traité sur le Recès de députation II, partie, article 5 du Recès, page 78.

„sidération la mieux méritée. Les dédomagemens „échus à Bade sont des plus compliqués : il n'y avait „pas de grand Evêché dans le voisinage et cependant „une contiguité commode devait rehausser leur va-„leur." etc.

Charles Frédéric! ce qui Te fut accordé si noblement aux yeux de l'Europe, et avec tant de justice; ce que Tu as su mieux mériter encore, par les bienfaits paternels dont Tu as fait jouir incessemment les pays nouvellement acquis, on n'en privera ni Tes fils légitimes, ni aucun de leurs descendans !

Deux ans plus tard, le sort des armes fit passer le Brisgau, appartenant au Duc de Modène, sous la domination de Bade. Seulement alors l'état de Bade ayant plus de consistance, ressembla à un Electorat. La paix de Presbourg sanctionna pour toujours, en 1805, cette incorporation faite également sans aucune réserve, et l'Electeur, au moyen de dépenses considérables pendant les premiers années, opéra des améliorations que ce pays a reconnu avec transport. Conséquemment, la possession de deux provinces sur lesquelles, d'après le bruit public, il aurait été pris d'avance des dispositions arbitraires, repose sur des titres, qui ne peuvent être attaqués sans détruire la base, qui fait la sûreté de tous les Etats. Mais revenons à l'historique de l'ordre de succession dans la maison de Bade.

Lorsque, peu de tems après la paix de Presbourg, la dissolution totale de l'Empire Germanique eut lieu,

Charles Frédéric, devenu Grand-Duc souverain, envi-
sagea comme un devoir des plus essentiels, d'assurer à
son peuple l'ordre de succession à la souveraineté,
dans son antique Dynastie. Un acte authentique, signé
par toute sa descendance mâle du premier lit, *)
comme preuve du consentement de tous, fut déposé
aux archives et remis à ses fils du second lit, con-
tenant ce qui suit:

„Nous trouvant arrivé à la souveraineté par la vo-
„lonté de la providence, et étant par cette position
„(jointe à la qualité de chef de famille, qui nous est
„exclusivement inhérente) en état de faire telles dis-
„positions qui nous parraissent bonnes et nécessaires,
„tant pour nous-mêmes, qu'en vertu de la souverai-
„neté qui nous appartient: Nous déclarons par les pré-
„sentes, en vertu de cette puissance qui nous vient de
„Dieu, nos fils issus de notre second mariage, nom-
„mément les Comtes Charles Léopold, Frédéric,
„Guillaume Louis Auguste, et Maximilien Frédéric
„Jean Ernest, ainsi que leur descendance masculine
„issue en mariage légitime et d'égale origine, telle-
„ment habiles à succéder au gouvernement suprême
„de notre Grand-Duché, qu'au moyen de la réserve
„déjà mentionnée de 1787 à l'égard de leurs droits de
„famille, un droit de succession plein, entier et irré-
„vocable leur est assuré dans tous les Etats dépendans
„du Grand-Duché Souverain de Bade, de telle sorte,

---

*) Du 10 Septembre 1806.

„qu'eux ou leur descendance mâle issue de mariage lé-
„gitime et de naissance égale, ayent à succéder sans
„aucune opposition dans nos susdits Etats, d'après
„l'ordre de primogéniture existant dans notre maison
„Grand-Ducale, ainsi qu'à tous droits et prérogatives,
„à l'égal des Princes de notre maison, lorsque toute
„notre descendance masculine, issue de notre premier
„mariage, viendrait à s'éteindre par la volonté de la
„divine providence." . . . . .

„Déclarons au surplus ne déroger en rien à toutes
„nos dispositions testamentaires antérieures, mais au
„contraire les confirmer, en tout ce qui concerne les
„intérêts de notre famille, et les statuts particuliers de
„notre maison, en tout ce qui est compatible avec
„notre souveraineté, et en tant que nous n'y avons rien
„changé ou supprimé dès lors d'une manière légale."

Mais de pareils changemens ont si peu eu lieu, que
le Grand-Duc au contraire qualifie une dernière disposition *) déposée tout aussi solennellement dans les
archives, (à laquelle il a ajouté quelques autres déterminations postérieures rélatives à sa maison):   „d'ap-
„pendice à nos précédentes dispositions, qui toutes
„doivent avoir leur plein effet, en tant que l'une n'a
„été annullée par l'autre."

Après avoir ainsi accompli ses devoirs de père et de
Souverain, *Charles Frédéric* descendit tranquillement

---

*) *Du 6 Juin* 1808.

au tombeau en Juin 1811. Il savait que sa volonté
serait sacrée pour ses descendans: et rien ne prouve
mieux, combien la confiance, que ce Prince vénérable
avait en la piété de son petit-fils, était juste, que les
loix publiées le 4 Octobre 1817 *), toutes dans l'esprit
des anciens statuts, après que plusieurs pertes que
nous eûmes à déplorer dans la première ligne agnatique, eurent donné aux jeunes Margraves la perspec-
tive de se voir appelés plutôt à la succession.

Comment concilier maintenant ces rapports intéri-
eurs de la maison souveraine de Bade avec les essais,
et les bruits plus répandus encore, d'après lesquels
le Palatinat badois, et même suivant d'autres le Brisgau, seraient destinés par le Sénat des grandes Puissances à en être séparés dans certain cas?

Notre Gouvernement badois n'est pas de ceux, qui
depuis la naissance de la nouvelle Confédération germanique ayent demandé des agrandissemens; mais que
ce seul Etat de la Confédération dût être *rapetissé*,
c'est une idée trop révoltante pour ne pas supposer
d'avance qu'il y a quelque erreur à cet égard. Bade
n'était point dans la position d'un pays conquis pendant la guerre, dont une partie seulement aurait été
restituée; le Grand-Duc *Charles* au contraire, accéda
vers la fin de l'automne 1813 à l'alliance, comme possesseur d'un Etat Souverain *dans toute son intégrité*,

---

*) *Voyez la feuille officielle Badoise de cette date.*

et fût accueilli, ainsi que d'autres, comme ami, et non point admis comme un ennemi subjugué. C'est de ce point de vue que l'on doit être parti, dans les négociations verbales qui eurent lieu à ce sujet. Il n'y eut point d'échange de notes préalables. On supposa et reconnut de vive voix l'intégrité territoriale. S'il en eut été autrement, des traités plus formels auraient été nécessaires. *) Des feuilles publiques ont débité, qu'il n'avait été garanti à la maison de Bade que ses anciennes possessions, mais que les nouvelles ne l'avaient été qu'en tant que les arrangemens futurs en Allemagne le comporteraient. Mais cette prétendue

---

*) *Monsieur le Conseiller Klüber a publié récemment, dans son 30e cahier, p. 143, un acte, qui doit avoir été signé peu après, sous la date du 20 Novembre 1813, dont cependant l'auteur de cet ouvrage n'avait eu aucune connaissance avérée, lorsqu'il composa cet écrit. Si toutes fois de pareilles stipulations ont été convenues avec Bade et avec d'autres souverains (comme Monsieur Klüber, qui est si digne de foi, l'affirme) il n'en est pas moins vrai, qu'au fond cette transaction ne dit pas d'avantage, que les conventions verbales précitées, concernant des arrangemens en Allemagne, vû que ces stipulations n'auroient été motivées que par une nécessité, laquelle, comme le prouvent les agrandissemens d'autres Etats, ne s'est pas manifestée. (Ajonction subséquente, de Monsieur le Baron de Drais).*

antithèse *d'anciennes possessions,* n'est qu'une pure chi-
mère, qu'un journaliste a copié de l'autre sur la foi
du prophète.

Quant aux *arrangemens en Allemagne,* c'était avant le
Congrès de Vienne une idée bien vague. Personne
ne pouvait savoir encore, quelle tournure la Constitution, ou les Constitutions de l'Allemagne prendraient. *)
L'intention déterminée d'affaiblir le Grand - Duché de
Bade, peut d'autant moins résulter de ce qui vient
d'être dit, qu'une même réserve, vague et générale,
doit avoir aussi été faite à d'autres Souverains du second et troisième rang. Parcontre Bade et la Hesse, se
firent donner sûreté entière, dans les actes d'accession
solennels et uniformes, des 12 et 23 May 1815, portant:
,,S. M. Jmp. et R. Ap. s'engage, tant en son nom
qu'en celui de LL. MM. l'Emp. de Russie et des Rois
de la Grande - Bretagne et de Prusse, à ne poser les
armes sans avoir particulièrement égard aux intérêts
de son Alt. R. le Grand - Duc de Bade (de Hesse)

---

*) *L'on n'était pas même encore décidé pour la paix
ou pour la guerre. Ce ne fut qu'en Février 1815
que l'heureuse maxime, ,,point de guerre entre les Allemands" devint préponderante. L'automne de la même année, la Diète sanctionna la morale en politique. (Précis de Klüber p. 33.) Il convient de distinguer ce qui fut tenté précédemment
et qu'on ne ratifia pas après. Ci-après d'a-
vantage sur ce sujet.*

et de ne point souffrir qu'il soit porté atteinte à l'existence politique du Grand-Duché." *) L'on ne pourrait admettre d'ailleurs, comme motif de la prétendue réserve du démembrement d'un pays, qu'elle avait été faite dans le but d'agrandir d'autres Etats, et encore moins quand il s'agit de ceux, avec qui l'on est lié par des traités de bonne amitié; mais tout au plus pour le seul cas, où il faudrait faire des sacrifices pour le bonheur des peuples de l'Allemagne et pour fonder une alliance durable entre leurs souverains. Cependant personne n'a encore exposé jusques ici ce cas de nécessité absolue, qui, fut-il évident, imposerait à ceux qui se sont agrandis, l'obligation d'être les premiers à restituer, ou du moins à tous les membres de la confédération, celle d'y entrer pour leur part; ou enfin celui qui serait appelé à faire le premier un sacrifice, devrait recevoir incessamment un dédomagement entier et convenable, suivant le principe juste et raisonnable de la loi Rhodienne, avant tout cependant être entendu sur la question préalable, si effectivement le bien général exige ce même sacrifice de sa part?

De ce qui vient d'être dit, résulte pour moi la conviction intime, qu'il n'existe dans la manière, dont Bade a accédé à la nouvelle Alliance germanique, aucune raison fondée de forcer notre Grand-Duc plutôt, que d'autres Princes, à une cession arbitraire de ses provinces.

---

*) *Précis de Klüber* p. 551.

L'idée d'une *garantie*, et les suites d'un *défaut de garantie* méritent aussi de fixer notre attention. L'expérience nous prouve, qu'il existe deux sortes de garanties dans le droit des gens. L'une s'entend dans le sens de responsabilité du garant, que telle vue politique se réalisera; l'autre très-commune, dans ce sens seulement, que si le compétiteur parvient à son but, le garant n'y veut non seulement pas mettre d'obstacle, mais au contraire qu'il l'appuyra occasionellement de ses bons offices, puis le maintiendra dans la possession. Si dans le second cas, le plan ne réussit pas, le garant n'est tenu à aucun dédommagement. De même le défaut de garantie n'est qu'une dénégation d'assistance, mais n'est pas encore pour cela une autorisation, de priver un tiers de ses possessions. Quand même les grandes Puissances n'auraient pas garanti à la maison de Bade, également toutes les parties de ses Etats, il ne s'en suivrait point que l'on serait en droit de la priver d'une partie, ou que l'on veuille l'en priver de fait; mais il faudrait trouver pour cela d'autres motifs qui fussent plus prépondérans.

Ces premiers points posés, examinons les négociations qui ont eu lieu à ce sujet, en tant qu'elles ont reçu de publicité et entraînent les jugemens. Elles ne furent pas connues d'abord dans l'ordre chronologique, qu'on peut leur assigner aujourd'hui, pour les présenter sous leur véritable rapport.

Peu avant la bataille de Leipzig, au commencement d'Octobre 1813, la Cour de Bavière avait épousé les intérêts de la grande coalition, et dans le premier traité, conclu à Ried *) avec l'Autriche, il fut donné des assurances amicales, mais encore indéterminées, à ce nouvel et important allié. Après que les Souverains eurent fait pendant le courant de l'hiver, leur entrée à Paris, à la tête de leurs armées, et réglé l'affaire la plus importante de l'Europe, par le traité de Paris le 30 May 1814, en convenant, pour cent autres déterminations ultérieures, de la tenue d'un congrès à Vienne: la maison d'Autriche ne laissa pas échapper l'instant favorable, et ne remit pas jusques là, de réaliser un plan qui lui tenait fortement à coeur depuis longtems. Elle conclut encore à Paris le 3 Juin 1814, un traité avec la Bavière, tenu secret vis-à-vis des autres alliés, pour déterminer plus exactement les promesses du traité de Ried. Le Prince de Metternich, et le Feld Maréchal, aujourd'hui Prince de Wrede, y parurent en qualité de plénipotentiaires. D'après ce traité la Bavière doit céder à l'Autriche:

I) Le Tyrol, le Voralberg, Salzbourg, l'Innviertel et le Hausruckviertel. L'Autriche parcontre garantit au Roi de Bavière:

„de lui faire avoir les équivalens les plus complets „pour les dits pays, *et même au-delà*, autant qu'elle „(Sa Majesté I. et R. Apost.) en aura les moyens et „*que les circonstances le permettront.*"

---

*) Le 9 Octobre 1813.

II) Dans quinze jours, l'Autriche prendra possession du Tyrol et du Voralberg, la Bavière de Würzbourg et d'Aschaffenbourg. Après quoi il est dit: „les autres rétrocessions de la part de la Bavière, contre des équivalens dont il n'est pas fait mention dans cet article, auront lieu à la suite des arrangemens définitifs."

Les articles III à V reglent l'occupation conjointe de Provinces d'outre Rhin, et de quelques autres avantages moins considérables, pour la Bavière. Puis vient l'article qui nous concerne:

VI) S. M. J. etc. promet d'employer ses meilleurs offices pour faire entrer dans le lot de la Bavière

    1) la ville et place de Mayence,
        (cela a-t-il donc lieu?)

    2) l'ancien Palatinat du Rhin — „Sa Majeste le Roi „de Bavière, s'engageant de son côté, à se prêter à „des arrangemens de frontière, qui se trouveraint „être d'une mutuelle convenance entre Elle et ses voi-„sins, pour faciliter les arrangemens de cession, d'é-„change et autres, que S. M. Bavorise pourait desirer „faire avec les Etats voisins, le Roi de Würtemberg, „les Grands-Ducs de Bade et de Darmstadt, et les „Princes de Nassau."

L'Autriche enfin promettait à la Bavière, de lui procurer la garantie des autres grandes Puissances, pour ses possessions actuelles et futures.

A part ce qui concerne les pays échangés d'abord, ce traité était un essay fait au hazard, une convention pour des négociations futures au congrès de Vienne, qui, selon le précis de Klüber*), n'eurent pas un succès aussi favorable pour l'Autriche et la Bavière. L'une et l'autre se relâchèrent de quelques unes de leurs prétentions, au moyen de quoi il a été projeté le 23 Avril 1815, sous l'intervention de la Russie, de l'Angleterre et de la Prusse, une transaction qui n'a pas encore été publiée, **) dans laquelle il doit être question de la réversion du Palatinat après l'extinction de la ligne directe du Grand-Duc régnant, ainsi que de la cession de divers districts territoriaux de Würtemberg, Bade et Darmstadt. Mais aussi ce traité eut le même sort que les précédens, de n'être point reconnu. ***) Ce projet cependant ne resta pas secret, et les parties intéressées, dont il compromettait les droits, sans les entendre, opposèrent une vive résistance. Il est certain toutes fois et surprenant au plus haut degré, *que l'acte final du Congrès de Vienne du 9 Juin 1815, ne fasse aucune mention de cette affaire.* Car c'est celui-ci, qui est proprement l'acte de paix solennel pour tous les Etats de l'Europe qu'il concerne, et son exorde le qualifie de complément détaillé et définitif de la paix de Paris du 30 May 1814, par lequel toutes les affaires arrangées, „dispositions d'un intérêt

---

*) Voyez Précis de Klüber p. 81 suivantes.

**) Klüber, 3e cahier, la donne maintenant.

***) Précis de Klüber page 83.

majeur et permanent" sont réunies dans „*un instrument
général"* auquel sont joint, en 17 pièces, les conventions particulières faites jusqu'alors. Il y est traité
en détail de tous les échanges et réglemens territoriaux
dont on était convenu, tant pour l'Allemagne, qu'en
Suisse, en Italie et dans les Pays - Bas. Les articles
33, 47 — 50, fixent même les plus petites adjudications
de territoire, pour Oldenbourg, Mecklenbourg, Wei-
mar, Cobourg et Hombourg. L'article 44 dit, en tou-
chant ce qui concerne la Bavière, que le Roi de Bavière possèdera à perpétuité le Grand-Duché de Würzbourg et la Principauté d'Aschaffenbourg, dont sa Majesté avait déja pris possession récemment. Ce traité
définitif ne fait aucune mention d'un changement terri-
torial prochain à l'égard du pays de Bade, ni dans le
texte, ni dans les pièces supplémentaires à l'article 118,
par lequel les transactions qui ont eu lieu entre les divers
Souverains d'Allemagne sont authentiquement publiées.

Par contre, au rapport de Monsieur Kluber, il
y eut le lendemain 10 Juin 1815, encore une conférence de Ministres des 5 Puissances, d'Autriche, de
Russie, d'Angletrre, de France et de Prusse, où en
vue des compensations à faire, l'on réserva 69000
ames sur les territoires d'outre Rhin, pour l'agrandis-
sement convenu de Cobourg, Oldenbourg, Mecklenbourg et Hombourg; le surplus de toutes les portions
territoriales d'outre Rhin, fut destiné à S. Majesté
l'Empereur d'Autriche; puis on prit en protocole ce
qui suit: *)

---

*) Kluber, cahier 29 des actes du congrès de Vienne.

„Les Puissances prennent à cette occasion l'enga-
„gement formel, *quoique secret,* d'appuyer S. M. J. et
„R. Apost. dans toutes les négociations qu'elle pour-
„rait entamer à l'avenir avec la Bavière, pour récu-
„pérer l'Innviertel, le Hausrück - Viertel, et le pays
„de Salzbourg.

„Elles assurent éventuellement à la maison d'Au-
„triche la réversion du Palatinat et du Brisgau, comme
„moyens de compensation dans les arrangemens fu-
„turs en Allemagne. Elles consentent enfin à ce que
„les objets destinés à des compensations pour la Ba-
„vière, puissent toujours servir à tel échange ou dis-
„position, qui, d'après les convénances de S. M. J.
„et Roy. Apost., serait faite *d'un commun accord.*"

L'on voit par cette promesse secrète les efforts una-
nimes des Ministres, de ménager, s'il était possible,
à la maison d'Autriche, dont les frontières d'Italie seu-
les ont été réglées par les art. 93 — 95 de l'acte final
du 9 Juin, encore quelques avantages plus considérables, dans des occurrences futures, mais sous la réserve „d'un commun accord." Du reste aucun motif n'est énoncé, pourquoi le Brisgau et le Palatinat
devraient former, de préférence, ces objets de compensation.

C'étaient les jours de hâte pour quitter le lieu du
Congrès et arriver en France avec les armées. Les
jours de gloire leur succédèrent bientôt, et après la
grande victoire à Waterloo, vinrent les transactions
avec la France. Dès qu'elles furent terminées, le Mi-

nistre d'Autriche revint sur les intérêts de sa cour et
des compensations avec la Bavière; il remit dans une
conférence tenue à Paris, le 3 Novembre 1815, entre
les Ministres des quatre Puissances (la France n'y fi-
gurait point cette fois) une note pressante, par laquelle il obtint qu'une minute de convention fut pro-
visoirement prise en protocole et approuvée par les Ministres réunis. *) Ce projet porte entr'autre
à l'article 7, que la Bavière recevra aussi, en échange
de ses concessions à l'Autriche, le Palatinat de Bade
après l'extinction de la ligne directe du Grand-Duc
régnant; et l'article 9 s'exprime en conséquence,
comme suit:

„La réversion de la partie du Palatinat, apparte-
„nant au Grand-Duc de Bade, ayant été assurée à
„l'Autriche par le protocole du 10 Juin 1815, des con-
„férences du Congrès de Vienne, S. M. J. et R. Ap.
„est prête à renoncer à cette réversion en faveur de
„S. M. le Roi de Bavière. La réversion du Brisgau,
„qui a été également assurée à l'Autriche, par ledit
„protocole du 10 Juin, sera maintenue."

Et tout ceci, sans entendre le Souverain, possesseur actuel, ni ses Agnats! Un partage de succession pendant la vie! Parquoi les Agnats se seraient-
ils attiré la perte de leurs droits à succéder?

Il est important de remarquer ici, que des protoco-

---

*) Voyez les Archives de la confédération germanique
I Vol. p. 380 etc. par Kluber.

des, surtout de conférences où il ne figure que l'une des parties, ne sont point encore des transactions, sur lesquelles on puisse fonder des droits, d'autant qu'ils ne sont pas même ratifiés encore, par cette partie là. L'acte final du congrès de Vienne du 9 Juin a été sanctionné par les Monarques, mais les protocoles des 10 Juin et 3 Novembre, n'ont pas été ratifiés, sans quoi le traité formel, subséquent, entre l'Autriche et la Bavière, du 14 Avril 1816, serait conçu dans d'autres termes. Après l'introduction à ce traité, ces puissances, sont enfin convenues, en fixant d'une manière „définitive les limites, et les rapports de leurs Etats res-„pectifs." La Bavière céda effectivement le Hausruck-viertel, l'Innviertel, et Salzbourg, sauf quelque exception, et obtint en échange A) sur la rive gauche du Rhin, la grande province qu'elle y possède maintenant, B) sur la rive droite, quelques Bailliages du pays de Fulde, qui dans le principe avaient eu une autre destination, et le territoire de Redwitz en Bohème. Concernant les bons offices ultérieurs, ils sont énoncés à l'article 3, qu'on *disposerait* 1) le Grand-Duc de Hesse à céder les Bailliages d'Alzenau, de Miltenberg, d'Amorbach et de Heubach (ce qui a eu son effet par suite d'échanges) et 2) le Grand-Duc de Bade à céder de même une partie du Bailliage de Wertheim, „d'après les dispositions arrêtées à Paris le 3 No-„vembre 1815." *)

---

*) *Cependant Bade a déclaré être prêt à faire l'échange d'une aussi petite partie.*

Ici finit le texte, mais Monsieur Klüber observe dans une note „Il est outre cela question, dans le premier des articles secrets de cette convention (ils n'ont pas été imprimés alors) d'une stipulation en faveur de la Bavière. *)

L'importance de cette transaction, pour la Couronne de Bavière et ce qu'elle lui vaut en nombre de sujets et augmentation de revenus, n'est plus un secret. Mais supposé qu'elle ne soit pas satisfaite, aucun publiciste se pourra convaincre, que c'est Bade, qui doit supporter la perte. Au contraire deux actes des plus solennels militent en faveur de notre Cour, devant l'éclat desquels, les faux jours que jettent sur cette affaire des reflets trompeurs, auxquels on pourrait s'arrêter, se dissipent.

Le premier de ces actes solennels est *l'acte de Confédération* même, en date du 8 Juin 1815. Cette base fondamentale de l'Alliance germanique a énoncé en l'article 2.

„Le but de cette confédération est le maintien de la „sûreté extérieure et intérieure de l'Allemagne, de „l'indépendance et de l'inviolabilité de *chacun des Etats* „confédérés.

Il aurait fallu exprimer ici l'exception à cet acte solennel, ou bien dans l'acte final du lendemain, si l'on avait pu en supposer une d'un sens différent, que résultante de conventions subséquentes de gré à gré.

*) *Voyez maintenant le 30 Cahier de Klüber.*

Les Ministres dans leur conférences ultérieures sur divers points, ne pouvaient penser autrement, et les Monarques mêmes n'ont d'ailleurs pas ratifié autre chose.

La sainte alliance est le second de ces actes solennels, signée le 26 Septembre 1815 par trois grandes Puissances et acceptée dans la suite avec vénération par toute la chrétienté. L'Empereur *Alexandre* fit la réflexion sublime, que la meilleure volonté des Princes ne les préservant pas toujours assez efficacement des séductions du pouvoir Souverain, il convenait d'élever une forte digue, qui fût un rempart pour garantir l'humanité de maux pareils à ceux, qu'elle avait vus et supporté depuis 25 ans. *) Il proposa de faire revivre *la morale chrétienne en politique*. François II et *Frédéric Guillaume* manifestèrent à l'instant l'uniformité de leurs nobles sentimens. *Maximilien Joseph* s'unit à eux. Ainsi l'occupation d'une province badoise, quand même on l'aurait proposé antérieurement, ne sera maintenant plus ratifiée, encore moins exécutée.

Il serait donc superflu de détailler les suites funestes, qui résulteraint du déchirement d'un Etat qui vient de se consolider; de l'interruption inévitable de tant d'améliorations combinées sur cet ensemble, tout aussi nuisible pour la branche detachée que pour le tronc

---

*) *Voyez,* „*Considérations sur la sainte alliance.*‟ (*Betrachtungen über das heilige Bündniss.*) *Hambourg* 1817.

principal; de l'inconvénient de pensionnaires nouveaux et de nouvelles administrations provisoires; des liquidations très-difficiles sur les améliorations; et d'un partage juste des dettes de l'Etat plus considérables encore; de la stagnation malheureuse du crédit public, ici et là; des pertes pour la caisse d'assurance, de celle des veuves, et de plusieurs fondations pieuses; même de la perte plus importante et continue d'avantages innombrables résultans pour un pays de la proximité de son Souverain, comme aussi de devoir renoncer aux facilités et au soulagement que procure l'administration uniforme de la police et du commerce dans un pays contigu, tel qu'est le beau territoire qui s'étend depuis les rives du lac de Constance jusqu'au confluent du Necker avec le Rhin, avantage qui compense seul le peu d'étendue qu'il a dans sa largeur, Maintenant, après que *Charles Fédéric* et *Charles* ont fait les premières avances montant à des millions pour deux bijoux brillants de leur couronne, et qu'ils ont paré aux calamités de guerres désastreuses et d'années stériles; maintenant que le plan se développe, qui doit faire jouir les sujets de toute la clémence d'un gouvernement libéral dans leurs heureuses contrées — une destruction violente serait le partage de cette maison illustre, et de ce peuple uni comme une grande famille?

Mais ce n'est pas assez que les augustes Souverains qui s'assembleront bientôt sur les bords du Rhin, ne voudraient préparer ces maux, ni renvoyer la décision de cette affaire devant la Diète germanique; ils voudront aussi détruire le mal, qui est déjà résulté des simples projets, par la racine, dès qu'ils en connaîtront toute l'étendue. Un tison, qui couve sour la cendre, est lancé entre le Prince et une partie des citoyens de l'état; ceux - ci entre eux doutent s'ils sont frères? L'esprit de parti, que tout gouvernement nouveau ne réprime que difficilement d'ailleurs dans les tems de révolution; se rallume. Les illusions de l'imagination séduisent les partisans du bon vieux tems, au point de leur faire croire que tous les avantages de ces tems plus simples vont les entourer encore; de là on rejette de la balance avec ingratitude, ceux que l'homme habitué à réfléchir paisiblement, ne refuse non plus à nos jours. La défiance de quelques individus ressemble au paroxisme toujours croissant de la fièvre. Les dispositions de la multitude sont, graces à Diéu, plus tranquilles, mais tiennent de l'abattement qui précède un orage prêt à éclater sur nos têtes. L'on hésite à faire de grandes entreprises d'industrie, qui d'ailleurs se développeraient si promptement, si aisément et si volontiers, facilitées par ces belles routes publiques et sur les rives de tant d'eaux qui arrosent ce véritable jardin, l'on hésite „parce que, „d'it - on, l'on ne sait point encore, si tout ce pays „restera badois! “ — Le Gouvernement, de son côté, ne s'est point pour tout cela relâché de sa sollicitude; mais une foule d'individus se trouve allarmée de quelques expressions obscures, qui se sont une fois glissées dans de grandes négociations.

Le pire est l'interruption d'une bien henreuse harmonie, et la ligue secrète alimentée de l'étranger. Les suites en sont toujours immorales. „Le Prince et le peuple doivent être *un*" c'est ce qu'a enseigné *Charles Frédéric*, par ses actions et de ses discours. Que sa mémoire soit à jamais sacrée!

Il sera digne des Empereurs et Rois dont la piété fait le bonheur des tems où nous vivons, de donner, dans le cas qu'ils trouvent ces considérations d'un assez grand poids, une déclaration, datée peut-être déjà d'Aix - la - Chapelle, qui puisse détruire radicalement les mésentendus résultés de quelques protocoles ministériels:

qu'en raison des pactes qui existent dans la maison de Bade, et pour parer aux mauvais effets qu'occasionne toute incertitude sur les possessions territoriales, le plan de changement, projeté pour le Palatinat badois et le Brisgau, est abandonné, et que ces provinces, ainsi que toute autre possession badoise, tant ancienne que nouvelle, demeurent garanties aux descendans issus des deux mariages de *Charles Frédéric*, dans l'ordre que fixent les statuts de famille, publiés tant par lui, que par son petit - fils le Grand - Duc actuellement règnant.

Si cependant cette affaire ne pouvait être terminée d'une manière aussi simple, mais qu'ensuite de l'art. II du pacte fédératif, la Sérénissime Diète dût en prendre connaissance, il n'est aucun doute qu'il n'y aura qu'une voix à cet égard. Le fondement, sur lequel repose l'édifice fédératif, est la protection de tous à chaque état en particulier. *Hodie mihi, cras tibi.* Nous trouvons ici une garantie du premier rang, dans l'essence de la chose; l'énoncé clair et prochain, du résultat de ses soins à cet égard, sera applaudi de l'Europe entière, tranquillisera les esprits, et servira à constater que la paix est recouvrée.

———————

La déduction qui précédé était déjà sous presse, lorsque son auteur eut occasion de lire le passage d'un Journal *) où il est dit au sujet de réflexions sur la nouvelle constitution de Bavière: „que la loi sur l'égalité de conditions, des unions dans la famille règnante, avait une double importance au moment actuel. Car il était notoire que la maison de Zaehringue, qui règne depuis sept siècles dans le pays de Bade, est sur le point de s'éteindre dans la branche masculine.“ (Ce journaliste dit cela dans l'instant, où le Grand - Duc régnant n'a que 32 ans, et son oncle, fils du premier mariage de son grand - père, 55, sans parler ici des trois Princes de la plus jeune branche, à qui il conteste l'habileté à succéder.) „Que si cela a lieu, continue - t - il, la succession alors tombera en quenouille, et que la Princesse, qui y a les premiers droits, est la Reine de Bavière, soeur aînée du Grand-Duc (?)... „Qu'opposition aura lieu de la part des comtes de Hochberg“ (ces Princes ne seront pas dans le cas de faire une pareille démarche; protégés par les dispositions de leur père, ils attendront qu'on produise

———————

*) Der deutsche Beobachter.

contre eux l'opposition qui pourrait être faite, en forme juridique). „Qu'ils n'ont été élevés au rang de Princes, „de la maison, que par le Grand-Duc actuel, et qu'il „leur a été conféré l'expectative à la succession de „Bade (?)... „Les Bavarois," est-il dit, „n'attaquent „pas la validité de cet acte, vu qu'il n'existe plus de „loix impériales à cet égard, et qu'un Prince Souve- „rain, qui gouverne sans constitution (?) peut chan- „ger ses statuts de famille selon son bon plaisir. Mais „ils disent: ces changemens des statuts ne peuvent „avoir d'effet rétroactif, ni invalider les droits de Prin- „cesses nées avant l'existence de ces nouvelles loix, et „dans un tems où les anciennes loix constitutionnelles „de l'Empire n'étaient pas encore abolies, d'après les- „quelles la succession aux fiefs était attachée à la des- „cendance issue d'un mariage de naissance égale et „célébré au côté droit."

Ici s'ouvre un champ de discussion nouveau, plus vaste, mais plus tranquille. Il ne serait plus question d'un dessein particulier, manifesté sur le Palatinat, mais d'exclure la descendance masculine de *Charles Frédéric*, issue du second mariage, de la possession de tout le Grand-Duché. Il ne s'agirait plus d'un pré- tendu pacte des Monarques, sous l'apparence duquel circulaient beaucoup" d'on dit "d'occupations soudai- nes, dans certains cas donnés, (comme si nous vivions encore dans ces siècles reculés, où la loi du plus fort était en vigueur) mais seulement de prétentions à succéder, entre divers membres d'une même famille, qui devaient être portées, comme cent autres cas de

eette nature, par devant un tribunal austrégal. C'est
là, que protégée par la Confédération germanique, la
Justice aurait à débattre dans le calme du profond
repos qui lui convient, bien des questions, sur lesquelles le journaliste mentionné pouvait glisser légè-
rement. Par exemple:

1) Si le second mariage du Margrave défunt était
absolument dispar, ou jusqu' à quel point on le peut
envisager, d'après ce que nous avons vu plus haut,
comme un mariage de conditions égales?

2) Si la prérogative des Princes du second lit, à succéder au Gouvernement avant les Princesses, ne date
pas de plus loin que de l'acte de déclaration de l'année
dernière? et si ce n'est pas en effet dès 1515 et 1615,
où les Margraves Christophe et George Frédéric, sta-
tuèrent par des actes de famille, que lés femmes *reste-
raient exclues de la succession, aussi longtems qu'il y
aurait encore un héritier mâle?*

3) Si les coutumes du ci-devant Empire germanique n'ont pas sanctionné, surtout pour la maison de
Bade, l'habileté à succéder des fils issus d'une mère
d'ancienne noblesse, quand même dans d'autres mai-
sons Souveraines, l'usage et diverses décisions des tribunaux suprêmes ont varié à cet égard?

4) On demande qui c'est, qui aurait droit de se
plaindre, de ce que les Agnats de la maison, et parmi
eux le Prince héréditaire, père de ses Princesses, ont
consenti aux stipulations de 1787, en suite desquelles
le second mariage du grand-père a été célébré?

5) Si supposé, qu'on pût révendiquer une préroga-

tive des Princesses déjà nées alors ; (ce qui ne peut cependant jamais avoir lieu au préjudice de Princes nés postérieurement) la lice ne se trouverait pas nécessairement très - rétrécie? savoir :

a) restreinte aux pays héréditaires existans déjà lors de leur naissance ,

b) restreinte encore aux parties allodiales de ces pays et non aux fiefs, relevant de l'Empire, qui auraient dû y retourner?

Comment, en conséquence, pourrait - on opposer quelque chose à la volonté de *Charles Frédéric*, de disposer à son gré de toutes ses *nouvelles* acquisitions, auxquelles appartiennent entr'autres les droits de suzeraineté, émanant de l'Empire, comme aussi les autres surrogats pour les fiefs perdus sur la rive droite du Rhin pendant les premières années de la révolution française?

6) Si cette liberté, de disposer de la partie la plus considérable à beaucoup près de l'Etat de Bade, n'emporte pas la conséquence qu'il pouvait disposer du tout, l'Etat étant, par tous les statuts anciens et nouveaux, déclaré indivisible, et toute aliénation étant et devant rester interdite?

7) Mais dans le cas toute fois, où la succession dût échoir un jour à la branche féminine : Si elle ne deviendrait pas alors le partage des filles du dernier possesseur mâle? *)

---

*) *Voyez ce que dit à ce sujet Mr. de Selchow (in Elementis Juris public, Tom II §. 510) et ses nombreuses allégations.*

Ou 8) en cas que l'on pût statuer une autre succession régrédiente, si alors il ne faudrait pas remonter à une plus haute antiquité, à la souche du *premier acquéreur* d'anciens biens allodiaux de la maison de Bade, et à sa descendance féminine? (C'est une raison de plus, pour laquelle la plupart des jurisconsultes, donnent la préférence aux filles du dernier possesseur, d'après l'ordre naturel de toute succession).

En tant cependant

9) qu'un droit de succession échut un jour aux Princesses, filles du Prince héréditaire défunt: pourquoi l'aînée des soeurs jumelles, son Altesse Madame la Margrave Amélie, devrait-elle en être exclue? Ou bien, si alors, il ne faudrait pas rechercher la succession mâle, issue des Princesses?

Enfin

10) Si les renonciations solennelles des Princesses, établies sur des thrônes étrangers, sont de nul effet, sur-tout lorsqu'elles ont été faites *après* les statuts de 1787 et 1796, par lesquels *Charles Frédéric* fixe les droits à la succession des fils, issus de son second mariage?

Mais à quoi bon toutes ces discussions, qui deviennent superflues par l'argument simple et clair que voici: Il n'est pas douteux, que d'après les constitutions de l'Empire germanique, invoquées d'autre part, l'Empereur et l'Empire n'eûssent pu confirmer à la demande de *Charles Frédéric*, et en suite du consentement des Agnats, le droit de succéder conféré aux Comtes de Hochberg, qu'ils fussent ou non issus d'un mariage de condition parfaitement égale. Mais avant que cet Electeur eut formé une demande à ce sujet, comme il en avait l'intention, arriva la catastrophe de la dissolution de l'Empire. Chacun de ses Princes, devenus Souverains, a joui dès-lors de la plénitude de pouvoir, par conséquent aussi de la suzeraineté qu'avaient précédemment l'Empereur et l'Empire. Comme tels, *Charles Frédéric*, et *Charles* ont pu statuer et régler tout par eux-mêmes, tout aussi légalement.

Mais une autre réflexion ne mérite pas moins de fixer encore toute notre attention. Le journaliste ne nous expose, d'après ses propres expressions, que ce que „*les Bavarois disent*" lesquels (comme il en convient) n'ont aucun droit propre à faire valoir; non ce que dira leur Reine Elle-même. Lorsque sa Majesté entendra, qu'il y va de sa personalité et de la question de conscience, qui en est inséparable, si elle veut laisser troubler, sous son nom révéré, les actions faites par son Grand-père dans la meilleure intention, ou si elle veut qu'on en respecte les cendres sacrées? Cette Reine aussi élevée par la noblesse de ses sentimens que par le thrône qu'elle occupe, daignera certainement se faire référer à Elle-même sur l'affaire dont il s'agit, et décider de son chef, ce qu'on doit tenter, ou ce qu'on doit laisser. Dans cette affaire de sa famille, le Roi, son auguste époux, appuyera de bon coeur et ses vues, et ses sentimens.

* * *

Si l'auteur de cet écrit, ne cèle point son nom en traitant une matière aussi délicate; s'il a su concilier, comme il espère, par la circonspection de toutes ses expressions, une respectueuse discrétion avec la franchise, qui caractérise les Allemands : les hautes et illustres parties que cela concerne, seront portées à remarquer avec bonté, qu'il n'a cherché ici, qu'à rendre fidellement la vérité, sous des dehors qui méritent leur protection, et même des encouragemens pour les écrivains, plutôt que de les détourner de se nommer. Car dans cette voye, pour peu qu'elle fût plus frayée, les auteurs s'imposeraient eux-mêmes un frein salutaire. La nation ne pourrait que gagner en culture, quand des exemples répétés auraient pour effet, que cela devint un usage plus général. Pour atteindre ce but d'un intérêt plus relevé, je n'ai pas craint la chance dans une lutte inégale avec des adver-saires anonymes, si je serai déchiré, ou passablement traité ?

Ecrit au commencement de Septembre 1818.

www.ingramcontent.com/pod-product-compliance
Lightning Source LLC
LaVergne TN
LVHW021046050726
842519LV00003B/1030